I USE MATH/USO LAS MATEMÁTICAS

I USE MATH AT THE WORKSHOP/ USO LAS MATEMÁTICAS EN EL TALLER

Joanne Mattern

Reading consultant/Consultora de lectura: Susan Nations, M.Ed., author/literacy coach/consultant

WR WEEKLY READER
EARLY LEARNING LIBRARY

Please visit our web site at: **www.earlyliteracy.cc**
**For a free color catalog describing Weekly Reader® Early Learning Library's list
of high-quality books, call 1-877-445-5824 (USA) or 1-800-387-3178 (Canada).
Weekly Reader® Early Learning Library's fax: (414) 336-0164.**

Library of Congress Cataloging-in-Publication Data available upon request from publisher.
Fax (414) 336-0157 for the attention of the Publishing Records Department.

ISBN 0-8368-6003-9 (lib. bdg.)
ISBN 0-8368-6010-1 (softcover)

This edition first published in 2006 by
Weekly Reader® Early Learning Library
A Member of the WRC Media Family of Companies
330 West Olive Street, Suite 100
Milwaukee, WI 53212 USA

Managing editor: Valerie J. Weber
Art direction: Tammy West
Cover design and page layout: Dave Kowalski
Photo research: Diane Laska-Swanke
Photographer: Gregg Andersen
Translators: Tatiana Acosta and Guillermo Gutiérrez

Printed in the United States of America

1 2 3 4 5 6 7 8 9 09 08 07 06 05

Note to Educators and Parents

Reading is such an exciting adventure for young children! They are beginning to integrate their oral language skills with written language. To encourage children along the path to early literacy, books must be colorful, engaging, and interesting; they should invite the young reader to explore both the print and the pictures.

I Use Math is a new series designed to help children read about using math in their everyday lives. In each book, young readers will explore a different activity and solve math problems along the way.

Each book is specially designed to support the young reader in the reading process. The familiar topics are appealing to young children and invite them to read and reread again and again. The full-color photographs and enhanced text further support the student during the reading process.

In addition to serving as wonderful picture books in schools, libraries, homes, and other places where children learn to love reading, these books are specifically intended to be read within an instructional guided reading group. This small group setting allows beginning readers to work with a fluent adult model as they make meaning from the text. After children develop fluency with the text and content, the book can be read independently. Children and adults alike will find these books supportive, engaging, and fun!

Nota para los maestros y los padres

¡Leer es una aventura tan emocionante para los niños pequeños! A esta edad están comenzando a integrar su manejo del lenguaje oral con el lenguaje escrito. Para animar a los niños en el camino de la lectura incipiente, los libros deben ser coloridos, estimulantes e interesantes; deben invitar a los jóvenes lectores a explorar la letra impresa y las ilustraciones.

Uso las matemáticas es una nueva colección diseñada para que los niños lean textos sobre el uso de las matemáticas en su vida diaria. En cada libro, los jóvenes lectores explorarán una actividad diferente y resolverán problemas de matemáticas. Cada libro está especialmente diseñado para ayudar a los jóvenes lectores en el proceso de lectura. Los temas familiares llaman la atención de los niños y los invitan a leer y releer una y otra vez. Las fotografías a todo color y el tamaño de la letra ayudan aún más al estudiante en el proceso de lectura.

Además de servir como maravillosos libros ilustrados en escuelas, bibliotecas, hogares y otros lugares donde los niños aprenden a amar la lectura, estos libros han sido especialmente concebidos para ser leídos en un grupo de lectura guiada. Este contexto permite que los lectores incipientes trabajen con un adulto que domina la lectura mientras van determinando el significado del texto. Una vez que los niños dominan el texto y el contenido, el libro puede ser leído de manera independiente. ¡Estos libros les resultarán útiles, estimulantes y divertidos a niños y a adultos por igual!

— Susan Nations, M.Ed., author, literacy coach,
and consultant in literacy development

I like to build! Today, Dad and I are making a birdhouse. We need five pieces of wood to build the house. We need two pieces of wood to build the roof.

¡Me gusta construir cosas! Hoy, papá y yo vamos a hacer una casa para pájaros. Para construir la casa, necesitamos cinco trozos de madera. Para hacer el tejado, necesitamos dos trozos de madera.

How many pieces of wood are on the table?

¿Cuántos trozos de madera hay sobre la mesa?

I measure the wood to make sure it is the right size.

▬ ▬ ▬ ▬ ▬ ▬ ▬ ▬ ▬ ▬ ▬ ▬ ▬

Mido la madera para asegurarme de que tiene el tamaño correcto.

How long is the wood?

¿Cuánto mide de largo este trozo de madera?

7

Dad cuts the wood. He must be careful. That saw is sharp.

- - - - - - - - - - - - - - - - -

Papá corta la madera. Debe tener cuidado. Esa sierra está muy afilada.

What shape is the wood Dad is sawing?

¿Qué forma tiene el trozo de madera que está cortando papá?

9

I am gluing the pieces of the house together. I have glued three sides to the base so far.

Estoy pegando los trozos de la casa. Hasta ahora, he pegado tres lados a la base.

How many pieces still need to be glued on?

¿Cuántos trozos quedan por pegar?

11

Dad helps me put the roof together. Our hands must be steady while the glue dries.

- - - - - - - - - - - - - - - - -

Papá me ayuda a poner el tejado. Tenemos que sujetarlo con las manos hasta que el pegamento se seque.

Can you see what shape the two sides of the roof will form?

¿Puedes ver la figura que formarán los dos lados del tejado?

We also need a lot of nails to put our bird house together. I count each nail to make sure we have enough.

- - - - - - - - - - - - - - - - - - -

Además, para hacer nuestra casa para pájaros necesitamos muchos clavos. Cuento los clavos para asegurarme de que hay suficientes.

Each pack has ten nails. How many packs hold thirty nails?

Cada paquete tiene diez clavos.
¿Cuántos paquetes hacen falta para tener treinta clavos?

I like to hammer! The noise is pretty loud!

-- -- -- -- -- -- -- -- -- -- -- -- -- --

¡Me gusta usar el martillo! ¡Hace un ruido muy fuerte!

I hit one nail five times. How many times will I hit four nails?

Para clavar un clavo tuve que golpear cinco veces.
¿Cuántas veces tendré que golpear para clavar cuatro clavos?

The birds need a place to stand. Dad cuts a piece of wood. He glues it to the house.

- - - - - - - - - - - - - - - - -

El pájaro necesita un lugar donde posarse. Papá corta un trozo de madera. Lo pega dentro de la casa.

Dad cut an eight-inch piece of wood in half. How long was each piece?

Papá cortó por la mitad una madera de ocho pulgadas. ¿Qué longitud tendrá cada uno de los trozos?

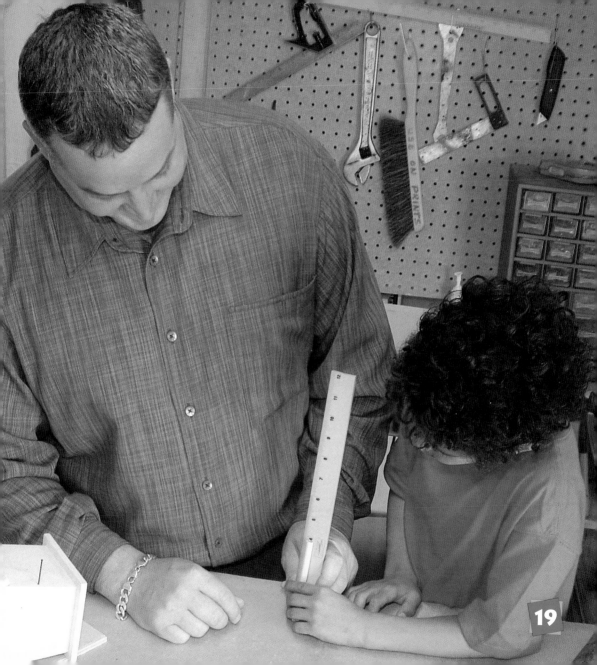

Our birdhouse is done!

¡Nuestra casa para pájaros
está terminada!

We started making the birdhouse at 2:00. Now it is 3:00.
How long did it take to make the birdhouse?

Empezamos a construir la casa para pájaros a las 2:00.
Ahora son las 3:00. ¿Cuánto tardamos en construirla?

Glossary

build — to make something by putting parts together

hammer — a tool used for hitting nails

measure — to find out the size of something

nails — small, pointed pieces of metal

pieces — parts of something larger

Glosario

clavos — trozos de metal pequeños y afilados

construir — hacer algo juntando distintas partes

martillo — herramienta que se usa para clavar clavos

medir — averiguar el tamaño de algo

trozos — partes de algo más grande

Answers

Respuestas

For More Information/Más información

Books

Measuring. I Can Do Math (series). Marcia S. Gresko
  (Gareth Stevens Publishing)

Measuring: The Perfect Playhouse. Math Monsters (series).
  John Burstein (Weekly Reader® Early Learning Library)

Libros

Soy bueno para construir. Eileen Day (Heinemann Library)

Soy buena para las matemáticas. Eileen M. Day
  (Heinemann Library)

Websites

www.pawtographs.com/html/bird_house_plans.html
Follow these plans with an adult to build a birdhouse.

Index

Índice

About the Author

Joanne Mattern is the author of more than 130 books for children. Her favorite subjects are animals, history, sports, and biography. Joanne lives in New York State with her husband, three young daughters, and three crazy cats.

Información sobre la autora

Joanne Mattern ha escrito más de 130 libros para niños. Sus temas favoritos son los animales, la historia, los deportes y las biografías. Joanne vive en el estado de Nueva York con su esposo, sus tres hijas pequeñas y tres gatos juguetones.